AF603180

RECITS
DES GRANDS JOURS
DE L'HISTOIRE
DIRECTEUR PAUL GAULOT
15 c^mes le volume
LA
Mort de Louis XVI
D'APRÈS LES
Mémoires de Cléry
ET DE
l'abbé Edgeworth de Firmont
N° 41
Il paraît un volume chaque Semaine
HENRI GAUTIER éditeur 55 quai des Grands Augustins PARIS

Récits des Grands Jours de l'Histoire

Directeur : PAUL GAULOT

CONDITIONS DE VENTE :

DANS NOS BUREAUX ET CHEZ LES LIBRAIRES
Le volume : **15** centimes

Rendu franco par la poste
1 VOLUME **20** C. | 2 VOLUMES **35** C.
25 VOLUMES **4** FR.

Écrire à M. HENRI GAUTIER, éditeur, 55, *quai des Grands-Augustins*
PARIS

Il paraît un volume par semaine.

Chaque volume se compose de 28 grandes pages, de format in-12 jésus, sous couverture en couleurs, simili-aquarelle. Imprimés sur beau papier vélin vergé, en caractères elzéviriens, ces volumes sont ornés de frontispices, culs-de-lampe, cabochons, *gravures hors-texte*, reproduisant les œuvres les plus célèbres des grands peintres.

VOLUMES EN VENTE

N° 1 — **Cinq-Mars et de Thou**, par le vicomte de Fontrailles.
N° 2 — **Le Mariage de Louis XIV**, par Mme de Motteville.
N° 3 — **Deux Étapes du Retour de l'Île d'Elbe : Napoléon à Grenoble et à Lyon**, par Henry Houssaye, (de l'Académie Française.)
N° 4 — **La dernière Prison de Marie-Antoinette**, relation de Rosalie Lamorlière, servante à la Conciergerie.
N° 5 — **La Peste de Marseille en 1720**, par l'abbé Papon.
N° 6 — **La Réception du Czarevitch en 1782**, par la baronne d'Oberkirch.
N° 7 — **La Machine infernale de Fieschi**, par Maxime du Camp, (de l'Académie Française).
N° 8 — **Les Premiers Jours des États-Généraux (1789)**, d'après Marmontel.
N° 9 — **La Révolution de 1830**, par Gervinus.
N° 10 — **L'Affaire du Collier de la Reine**, par Lafont d'Aussonne.
N° 11 — **La Banque de la rue Quincampoix (Law et son système)**, d'après Saint-Simon, Duclos, etc.
N° 12 — **Bonaparte Dictateur (Le Coup d'état de Brumaire)**, d'après A.-V. Arnault.
N° 13 — **La Prise de la Bastille (14 juillet 1789)**, par Marmontel.
N° 14 — **Le Procès de Fouquet**, d'après les lettres de Mme de Sévigné.
N° 15 — **La Prise de l'Hôtel de Ville (31 octobre 1870)**, par Alfred Duquet.
N° 16 — **La Première Défaite de la Commune (31 octobre 1870)**, par Alfred Duquet.
N° 17 — **La Chute de la Monarchie (Journée du 10 août 1792)**, par le comte Rœderer.
N° 18 — **Napoléon à Bayonne et l'Aventure Espagnole de 1808**, par Louis Labat.
N° 19 — **L'Assassinat d'Henri IV**, d'après le Journal de Pierre de l'Estoile.
N° 20 — **L'Empereur et le Tsar (Entrevue d'Erfurt)**.
N° 21 — **La Dernière Tentative du prince Charles-Edouard Stuart**, par Voltaire.
N° 22 — **Les Massacres de Septembre. Mon Agonie de trente-huit heures**, par Jourgniac de Saint-Méard.
N° 23 — **Une Ambassade au Siam sous Louis XIV**, par le comte de Forbin et l'abbé de Choisy.
N° 24 — **Le Testament de Charles II d'Espagne**, par le duc de Saint-Simon.
N° 25 — **Les Émeutes de Juillet 1789**, par le baron de Besenval.
N° 26 — **L'Insurrection du 13 Vendémiaire**, par Charles Lacretelle.
N° 27 — **La Révolution de 1848**, d'après un récit de M. Thiers.
N° 28 — **Charlotte Corday et Marat**.
N° 29 — **L'Exposition de 1867**.
N° 30 — **Le Mariage de Napoléon et de Marie-Louise**.
N° 31 — **L'Assassinat du Maréchal d'Ancre**, d'après une relation contemporaine.

La Mort de Louis XVI

D'APRÈS

Les Mémoires de Cléry

ET DE

l'abbé Edgeworth de Firmont

I

La Condamnation

La Constitution établie par l'Assemblée nationale portait, dans son article 2, que *la personne du roi est inviolable et sacrée.* Toutefois, dans la prévision des atteintes que le Roi pourrait porter à cette Constitution, l'article 5 contenait cette disposition : *Si, un mois après l'invitation du Corps législatif, le Roi n'a pas prêté ce serment* (celui d'être fidèle à la nation et à la loi, et de maintenir la Constitution), *ou si, après l'avoir prêté, il le rétracte, il sera censé avoir abdiqué la royauté.*

L'article 6 prévoyait des cas plus graves : *Si le roi se met à la tête d'une armée et en dirige les forces contre la nation, ou s'il ne s'oppose pas, par un acte formel, à une telle entreprise qui s'exécuterait en son nom, il sera censé avoir abdiqué la royauté.* Il en était de même pour le cas où le Roi serait sorti du royaume. Bref, pour tous les crimes contre la Constitution ou contre la nation que pourrait commettre le Roi, une seule peine était prononcée, *la déchéance.*

Et l'article 8 ajoutait qu'*après l'abdication expresse ou légale, le Roi sera dans la classe des citoyens, et pourra être*

[1]

An 1792 21 septemb. *accusé et jugé comme eux, pour les actes postérieurs à son abdication.*

Ces textes semblent fort clairs. Quand donc, le 21 septembre 1792, la Convention nationale décréta, à l'unanimité, que la Royauté était abolie en France, on put croire que Louis XVI n'encourrait aucune autre peine que cette déchéance pour les actes antérieurs, quels qu'ils fussent, ou plutôt quelle que fût l'appréciation qu'en aient porté les passions politiques déchaînées.

3-11 décemb. Cependant, le 3 décembre suivant, la Convention nationale passa outre à ce scrupule juridique et déclara que Louis XVI serait jugé par elle.

An 1793 15 18-19-20 janvier Le procès commença le 11 décembre; le 15 janvier 1793, à l'unanimité, la Convention nationale déclara « Louis coupable de conspiration contre la liberté publique et d'attentat contre la sûreté générale ». Le 18 janvier, l'Assemblée, par 387 voix contre 334, prononça contre lui la peine de mort.

Une proposition d'appel au peuple fut rejetée, le 19, et Cambacérès rédigea aussitôt le projet de décret qui fut voté, séance tenante, par la Convention.

On confia au Conseil exécutif provisoire, c'est-à-dire aux ministres, le soin de communiquer la sentence au condamné.

Le dimanche, 20, Garat, le ministre de la Justice, Lebrun, le ministre des Affaires étrangères, accompagnés de Grouvelle, secrétaire du Conseil, se transportèrent au Temple, où Louis XVI était enfermé.

II

La Prison

Le 13 août 1792, la famille royale avait été transférée dans la grande tour du Temple.

Ce monument, édifié vers l'an 1200, par les soins d'un trésorier de l'ordre des Templiers, frère Hubert, était situé au milieu d'un enclos de cent vingt à cent trente hectares, qui comprenait une infinité de constructions de toutes dates, notamment le palais du Grand Prieuré, élevé en 1667. C'est là qu'avait demeuré le comte d'Artois, lors de ses séjours à Paris, et où il avait souvent reçu Marie-Antoinette, sa belle-sœur, qui ne manquait jamais de s'y arrêter en revenant de Notre-Dame.

Ce qu'on appelait la Grande Tour du Temple se composait d'un bâtiment flanqué de tourelles aux quatre coins. Sa hauteur était de cent cinquante pieds (quarante-huit mètres soixante) et les murs avaient une épaisseur de neuf pieds. Elle était divisée en quatre étages, voûtés et soutenus, au milieu, par un gros pilier allant du sol jusqu'au faîte. L'intérieur était d'environ trente pieds carrés.

Le rez-de-chaussée était réservé aux municipaux, le premier étage servait de corps de garde. Le second étage avait été divisé en quatre pièces, une antichambre, une salle à manger séparée de l'antichambre par une cloison vitrée, une chambre où couchait Louis, et une autre pour Cléry, son valet de chambre. Les quatre pièces avaient un faux plafond en toile, et les cloisons étaient recouvertes de papier peint. Par une attention cruelle, celui de l'antichambre représentait l'intérieur d'une prison. Sur l'un des panneaux était collée une affiche, entourée d'une bordure tricolore (1) contenant la Déclaration des Droits de l'Homme.

Le troisième étage était occupé par Marie-Antoinette, sa belle-sœur et ses enfants.

Nous laissons ici la parole à Cléry ; c'est dans ses Mémoires que nous prenons le récit de la scène du 20 janvier.

« Deux heures venaient de sonner, on ouvre tout à coup la porte ; c'était le Conseil exécutif. Douze ou quinze personnes se présentent à la fois : Garat, ministre de la Justice ; Lebrun, ministre des Affaires étrangères ; Grouvelle, secrétaire du Conseil ; le président et le procureur général syndic du Département, le maire et le procureur de la Commune, le président et l'accusateur public du Tribunal criminel. Santerre, qui devançait les autres, me dit : « Annoncez le Conseil exécutif. » Le Roi, qui avait entendu beaucoup de mouvement, s'était levé et avait fait quelques pas ; mais, à la vue de ce cortège, il resta entre la porte de sa chambre et celle de l'antichambre, dans l'attitude la plus noble et la plus imposante. J'étais près de lui. Garat, le chapeau sur la tête, porta la parole, et dit : « Louis, la Convention nationale a chargé le Conseil exécutif provi- 21 janvier

(1) On peut en voir un exemplaire au Musée Carnavalet.

soire de vous signifier ses décrets des 15, 16, 17, 19 et 20 janvier; le secrétaire du Conseil va vous en faire lecture.» Alors Grouvelle, secrétaire, déploya le décret, et le lut d'une voix faible et tremblante.

DÉCRETS DE LA CONVENTION NATIONALE

Des 15, 16, 17, 19 et 20 janvier

ARTICLE PREMIER

« La Convention nationale déclare Louis Capet, dernier « roi des Français, coupable de conspiration contre la « liberté de la Nation, et d'attentat contre la sûreté générale « de l'Etat.

ART. II

« La Convention nationale décrète que Louis Capet « subira la peine de mort.

ART. III

« La Convention nationale déclare nul l'acte de Louis « Capet, apporté à la barre par ses conseils, qualifié d'appel « à la Nation du jugement contre lui rendu par la Conven- « tion ; défend à qui que ce soit d'y donner aucune suite, « à peine d'être poursuivi et puni comme coupable d'at- « tentat contre la sûreté générale de la République.

ART. IV

« Le Conseil exécutif provisoire notifiera le présent « décret dans le jour, à Louis Capet, et prendra les mesures « de police et de sûreté nécessaires pour en assurer l'exé- « cution, dans les vingt-quatre heures à compter de sa « notification, et rendra compte du tout à la Convention « nationale, immédiatement après qu'il aura été exécuté. »

« Pendant cette lecture, aucune altération ne parut sur le visage du Roi. Je remarquai seulement qu'au premier article, lorsqu'on prononça le mot *conspiration*, un sourire d'indignation parut sur le bord de ses lèvres; mais aux mots *subira la peine de mort*, un regard céleste, qu'il porta sur tous ceux qui l'environnaient, leur annonça que la mort était sans terreur pour l'innocence. Le Roi fit un pas vers Grouvelle, secrétaire du Conseil, prit le décret de ses mains, le plia, tira de sa poche son portefeuille, et l'y plaça ; puis, retirant un papier du même portefeuille, il dit

LES ADIEUX DE LOUIS XVI A SA FAMILLE

Dessin de Mansiau, gravé par Alexandre Tardieu

(Collection Hennin)

au ministre Garat : « Monsieur le ministre de la Justice, je « vous prie de remettre sur-le-champ cette lettre à la « Convention nationale. » Le ministre paraissant hésiter, le Roi ajouta : « Je vais vous en faire lecture. » Et il lut, sans aucune altération, ce qui suit :

« Je demande un délai de trois jours, pour pouvoir me « préparer à paraître devant Dieu. Je demande pour cela « de pouvoir voir librement la personne que j'indiquerai « aux commissaires de la Commune, et que cette personne « soit à l'abri de toute crainte et de toute inquiétude pour « cet acte de charité qu'elle remplira auprès de moi,

« Je demande d'être délivré de la surveillance perpétuelle « que le Conseil général a établie depuis quelques jours.

« Je demande, dans cet intervalle, de pouvoir voir ma « famille quand je le demanderai, et sans témoin ; je dési- « rerais bien que la Convention nationale s'occupât tout de « suite du sort de ma famille, et qu'elle lui permît de se « retirer librement, où elle le jugerait à propos.

« Je recommande à la bienfaisance de la Nation toutes « les personnes qui m'étaient attachées : il y en a beaucoup « qui avaient mis toute leur fortune dans leurs charges, et « qui, n'ayant plus d'appointements, doivent être dans le « besoin, et même de celles qui ne vivaient que de leurs « appointements ; dans les pensionnaires, il y a beaucoup « de vieillards, de femmes et d'enfants, qui n'avaient que « cela pour vivre.

« Fait à la tour du Temple, le 20 Janvier 1793.

« LOUIS »

« Garat prit la lettre du Roi, et assura qu'il allait la porter à la Convention. Comme il sortait, Sa Majesté fouilla de nouveau dans sa poche, en retira son portefeuille, et dit : « Monsieur, si la Convention accorde ma demande pour la « personne que je désire, voici son adresse ; » puis elle la remit à un municipal. Cette adresse, d'une autre écriture que celle du roi, portait : « Monsieur Edgeworth de Fir- « mont, n° 483, *rue du Bac*. (1) » Le roi fit quelques pas en arrière ; le ministre et ceux qui l'accompagnaient sortirent.

« Sa Majesté se promena un instant dans sa chambre.

(1) Le numérotage des maisons avait lieu alors par quartier, et non par rue comme aujourd'hui.

J'étais resté contre la porte, debout, les bras croisés, et comme privé de tout sentiment : le Roi s'approcha de moi : « Cléry, me dit-il, demandez mon dîner. » Quelques instants après, deux municipaux m'appelèrent dans la salle à manger ; ils me lurent un arrêté qui portait en substance, « que *Louis* ne se servirait point de couteau ni de four-« chette à ses repas ; qu'il serait confié un couteau à son « valet de chambre pour lui couper son pain et sa viande « en présence de deux commissaires, et qu'ensuite le cou-« teau serait retiré. » Les deux municipaux me chargèrent d'en prévenir le Roi ; je m'y refusai.

« En entrant dans la salle à manger, le Roi vit le panier dans lequel était le dîner de la Reine ; il demanda pourquoi l'on avait fait attendre sa famille une heure de plus, ajoutant que ce retard pourrait l'inquiéter. Il se mit à table. « Je n'ai pas de couteau, » me dit-il. Le municipal Minier fit part alors à Sa Majesté de l'arrêté de la Commune. « Me « croit-on assez lâche, dit le Roi, pour que j'attente à ma « vie ? On m'impute des crimes, mais j'en suis innocent, et « je mourrai sans crainte : je voudrais que ma mort fît le « bonheur des Français, et pût écarter les malheurs que je « prévois. » Il régna un grand silence. Le Roi mangea peu, il coupa du bœuf avec sa cuillère, rompit son pain : son dîner ne dura que quelques minutes. »

Les ministres s'étaient retirés et étaient retournés aussitôt à la Convention, où Garat avait rendu compte de sa mission.

La Convention nationale avait décrété alors « qu'il était « libre à Louis d'appeler tel ministre du culte qu'il jugerait « à propos, et de voir sa famille sans témoins ».

Elle avait autorisé le Conseil exécutif à lui répondre « que « la Nation, toujours grande et toujours juste, s'occupe-« rait du sort de sa famille ».

Sur la réclamation relative aux créanciers de sa maison, elle avait passé à l'ordre du jour, motivé sur ce qu'ils avaient le droit de se présenter pour demander leur payement ou de justes indemnités.

Enfin elle avait aussi passé à l'ordre du jour sur la demande faite par Louis qu'il fût sursis pendant trois jours à l'exécution du jugement.

Le Conseil exécutif avait immédiatement rédigé une affiche destinée à apprendre au peuple de Paris les résolutions prises et à régler certains détails de l'exécution.

Cette affiche fut placardée dans la soirée du 20.

PROCLAMATION

DU

CONSEIL EXÉCUTIF

PROVISOIRE

EXTRAIT des Registres du Conseil du 20 Janvier 1793, l'an second de la République.

Le Conseil exécutif provisoire délibérant sur les mesures à prendre pour l'exécution du décret de la Convention nationale des 15, 17, 19 & 20 janvier 1793, arrête les dispositions suivantes :

1° L'exécution du jugement de Louis Capet se fera demain lundi 21.

2° Le lieu de l'exécution sera la *Place de la Révolution* ci-devant *Louis XV*, entre le pied-d'estal & les Champs-élysées.

3° Louis Capet partira du Temple à huit heures du matin, de manière que l'exécution puisse être faite à midi.

4° Des Commissaires du Département de Paris, des Commissaires de la Municipalité, deux membres du Tribunal criminel assisteront à l'exécution; le Secrétaire-greffier de ce Tribunal en dressera le procès-verbal, & lesdits Commissaires & Membres du Tribunal, aussitôt après l'exécution consommée, viendront en rendre compte au Conseil, lequel restera en séance permanente pendant toute cette journée.

Le Conseil exécutif provisoire,

ROLAND, CLAVIÈRE, MONGE, LEBRUN, GARAT, PACHE,

Par le Conseil,

GROUVELLE.

A PARIS, DE L'IMPRIMERIE NATIONALE EXÉCUTIVE DU LOUVRE. 1793

Reproduction de l'affiche placardée sur les murs de Paris, le 20 janvier 1793.

Restait à faire connaître à Louis XVI les résolutions prises par l'Assemblée sur les demandes qu'il avait formulées. Ce fut l'objet d'une seconde visite que Cléry rapporte ainsi :

« J'étais dans ma chambre, livré à la plus affreuse douleur, lorsque, sur les six heures du soir, Garat revint à la tour : j'allai annoncer au Roi le retour du ministre de la Justice. Santerre, qui le précédait, s'approcha de Sa Majesté, et lui dit à demi-voix, et d'un air riant : « Voici le Conseil « exécutif. » Le ministre, s'étant avancé, dit au Roi qu'il avait porté sa lettre à la Convention, et qu'elle l'avait chargé de lui notifier la réponse suivante : « Qu'il était « libre à *Louis* d'appeler tel ministre du culte qu'il jugerait « à propos, et de voir sa famille librement et sans témoin ; « que la nation, toujours grande et toujours juste, s'occu- « perait du sort de sa famille ; qu'il serait accordé aux « créanciers de sa maison de justes indemnités ; que la « Convention nationale avait passé à l'ordre du jour sur le « sursis de trois jours. »

« Le Roi entendit cette lecture sans faire aucune observation ; il rentra dans sa chambre, et me dit : « Je croyais, « à l'air de Santerre, qu'il allait m'annoncer que le sursis « était accordé. » Un jeune municipal nommé Botson, voyant le Roi me parler, s'approcha. « Vous avez paru « sensible à ce qui m'arrive, lui dit le Roi ; recevez-en mes « remerciements. » Le commissaire surpris ne sut que répondre, et je fus moi-même étonné des expressions de Sa Majesté ; car ce municipal, à peine âgé de vingt-deux ans, d'une figure douce et intéressante, avait dit, quelques instants auparavant : « J'ai demandé à venir au Temple pour voir « la *grimace* qu'il fera demain (c'était du Roi qu'il parlait). « — Et moi aussi » avait répondu Merceraut, un grossier tailleur de pierres, « tout le monde refusait de venir ; je ne « donnerais pas cette journée pour beaucoup d'argent. » Tels étaient les hommes vils et féroces que la Commune affectait de nommer pour garder le Roi dans ses derniers moments.

« Depuis quatre jours, le Roi n'avait pas vu ses conseils ; ceux des commissaires qui s'étaient montrés sensibles à ses malheurs évitaient de l'approcher : de tant de sujets dont il avait été le père, de tant de Français qu'il avait comblés de bienfaits, il ne lui restait qu'un seul serviteur pour confident de ses peines. »

« Après la lecture de la réponse de la Convention, les commissaires prirent le ministre de la justice à l'écart, et lui demandèrent comment le Roi verrait sa famille : « En par-« ticulier, répondit Garat ; c'est l'intention de la Conven-« tion. » Les municipaux lui communiquèrent alors l'arrêté de la Commune qui leur enjoignait de ne perdre le Roi de vue ni le *jour*, ni la *nuit*. Il fut convenu entre les commissaires et le ministre que pour concilier ces deux décisions, opposées l'une à l'autre, le Roi recevrait sa famille dans la salle à manger, de manière à être vu par le vitrage de la cloison ; mais qu'on fermerait la porte, pour qu'il ne fût pas entendu.

« Le Roi rappela le ministre de la Justice, pour lui demander s'il avait fait prévenir M. de Firmont. Garat répondit qu'il l'avait amené dans sa voiture ; qu'il était au Conseil, et qu'il allait monter. Sa Majesté remit à un municipal, nommé Baudrais, qui causait avec le ministre, une somme de trois mille livres en or, en le priant de la rendre à M. de Malesherbes à qui elle appartenait. Le municipal le promit ; mais il la porta sur-le-champ au Conseil, et jamais cette somme ne fut remise à M. de Malesherbes. M. de Firmont parut ; le Roi le fit passer dans la tourelle, et s'enferma avec lui. Garat étant parti, il ne resta dans l'appartement de Sa Majesté que trois municipaux.

« A huit heures, le Roi sortit de son cabinet, et dit aux commissaires de le conduire vers sa famille ; les municipaux répondirent que cela ne se pouvait point, mais qu'on allait la faire descendre, s'il le désirait. « A la bonne heure, dit « le Roi ; mais je pourrai au moins la voir seul dans ma « chambre ? — Non, dit l'un d'eux ; nous avons arrêté « avec le ministre de la Justice que ce serait dans la « salle à manger. — Vous avez entendu, répliqua Sa Ma-« jesté, que le décret de la Convention me permet de la « voir sans témoins. — Cela est vrai, dirent les municipaux ; « vous serez en particulier, on fermera la porte ; mais par « le vitrage, nous aurons les yeux sur vous. — Faites des-« cendre ma famille, dit le Roi. »

« Pendant cet intervalle, Sa Majesté entra dans la salle à manger : je la suivis, je rangeai la table de côté et plaçai des chaises dans le fond, afin de donner plus d'espace. « Il faudrait, me dit le Roi, apporter un peu d'eau et un « verre. » Il y avait sur une table une carafe d'eau à la glace ; je n'apportai qu'un verre, et le plaçai près de cette carafe. « Apportez de l'eau qui ne soit pas à la glace, « me dit le Roi ; car si la Reine buvait de celle-là, elle

« pourrait en être incommodée. Vous direz, ajouta Sa Ma-
« jesté, à M. de Firmont qu'il ne sorte pas de mon cabinet;
« je craindrais que sa vue ne fît trop de mal à ma famille.
« Le commissaire qui était allé la chercher resta un quart
« d'heure ; dans cet intervalle, le Roi rentra dans son
« cabinet, venant de temps en temps à la porte d'entrée
« avec des marques de la plus vive émotion. »

III

La dernière entrevue

« A huit heures et demie, la porte s'ouvrit : la Reine parut la première, tenant son fils par la main ; ensuite madame Royale et madame Elisabeth. Tous se précipitèrent dans les bras du Roi. Un morne silence régna pendant quelques minutes, et ne fut interrompu que par des sanglots. La Reine fit un mouvement pour entraîner Sa Majesté vers sa chambre. « Non, dit le Roi ; passons dans cette salle, je ne « puis vous voir que là. » Ils y entrèrent, et j'en fermai la porte, qui était en vitrage. Le Roi s'assit, la Reine à sa gauche, madame Elisabeth à sa droite, madame Royale presque en face, et le jeune prince resta debout entre les jambes du Roi : tous étaient penchés vers lui, et le tenaient souvent embrassé. Cette scène de douleur dura sept quarts d'heure pendant lesquels il fut impossible de rien entendre : on voyait seulement qu'après chaque phrase du Roi, les sanglots des princesses redoublaient, duraient quelques minutes, et qu'ensuite le Roi recommençait à parler. Il fut aisé de juger à leurs mouvements que lui-même leur avait appris sa condamnation.

« A dix heures un quart, le Roi se leva le premier, et tous le suivirent : j'ouvris la porte; la Reine tenait le Roi par le bras droit. Leurs Majestés donnaient chacune une main à M. le Dauphin; madame Royale, à la gauche, tenait le Roi embrassé par le milieu du corps; madame Elisabeth, du même côté, mais un peu plus en arrière avait saisi le bras gauche de son auguste frère. Ils firent quelques pas vers la porte d'entrée, en poussant les gémissements les plus douloureux. « Je vous assure, leur dit le Roi, que je vous « verrai demain matin, à huit heures. — Vous nous le pro- « mettez? répétèrent-ils tous ensemble. — Oui, je vous le « promets. — Pourquoi pas à sept heures? dit la Reine. —

« Eh bien! oui, à sept heures, répondit le Roi : adieu... » Il prononça cet adieu d'une manière si expressive, que les sanglots redoublèrent. Madame Royale tomba évanouie aux pieds du Roi, qu'elle tenait embrassé; je la relevai, et j'aidai madame Elisabeth à la soutenir. Le Roi, voulant mettre fin à cette scène déchirante, leur donna les plus tendres embrassements, et eut la force de s'arracher de leurs bras. « Adieu.... « adieu.... » dit-il; et il rentra dans sa chambre.

« Les princesses remontèrent chez elles : je voulus continuer à soutenir madame Royale; les municipaux m'arrêtèrent à la seconde marche, et me forcèrent de rentrer. Quoique les deux portes fussent fermées, on continua d'entendre les cris et les gémissements des princesses dans l'escalier. Le Roi rejoignit son confesseur dans le cabinet de la tourelle.

« Une demi-heure après, il en sortit, et je servis le souper : le Roi mangea peu, mais avec appétit.

« Après le souper, Sa Majesté étant rentrée dans son cabinet, son confesseur en sortit un instant après, et demanda aux commissaires de le conduire à la chambre du Conseil : c'était pour demander des ornements et tout ce qui était nécessaire pour dire la messe le lendemain matin. M. de Firmont n'obtint qu'avec peine que cette demande fût accordée. C'est à l'église des Capucins du Marais, près l'hôtel de Soubise, qui avait été érigée en paroisse, qu'on envoya chercher les choses nécessaires pour le service divin. Revenu de la chambre du Conseil, M. de Firmont rentra chez le Roi; tous deux passèrent dans la tourelle, et y restèrent jusqu'à minuit et demi. Alors, je déshabillai le Roi, et comme j'allais pour lui rouler les cheveux, il me dit : « Ce n'est pas la peine. » Puis en le couchant, comme je fermais ses rideaux : « Cléry, vous m'éveillerez à cinq « heures. »

« A peine fut-il couché, qu'un sommeil profond s'empara de ses sens : il dormit jusqu'à cinq heures sans s'éveiller. M. de Firmont, que Sa Majesté avait engagé à prendre un peu de repos, se jeta sur mon lit, et je passai la nuit sur une chaise dans la chambre du Roi, priant Dieu de lui conserver sa force et son courage.

IV

Le 21 Janvier

21 janvier « J'entendis sonner cinq heures, et j'allumai le feu : au bruit que je fis, le Roi s'éveilla, et me dit, en tirant son rideau : « Cinq heures sont-elles sonnées? — Sire, elles le « sont à plusieurs horloges, mais pas encore à la pendule. » Le feu étant allumé, je m'approchai de son lit. « J'ai bien « dormi, me dit ce prince; j'en avais besoin : la journée « d'hier m'avait fatigué. Où est M. de Firmont? — Sur mon « lit. — Et vous, où avez-vous passé la nuit? — Sur cette « chaise. — J'en suis fâché, dit le Roi. — Ah! Sire, puis-je « penser à moi dans ce moment? » Il me donna une de ses mains, et serra la mienne avec affection.

« J'habillai le Roi et le coiffai : pendant sa toilette, il ôta de sa montre un cachet, le mit dans la poche de sa veste, déposa sa montre sur la cheminée; puis, retirant de son doigt un anneau qu'il considéra plusieurs fois, il le mit dans la même poche où était le cachet; il changea de chemise, mit une veste blanche qu'il avait la veille, et je lui passai son habit : il retira des poches son portefeuille, sa lorgnette, sa boîte à tabac, et quelques autres effets; il déposa aussi sa bourse sur la cheminée, tout cela en silence et devant plusieurs municipaux. Sa toilette achevée, le Roi me dit de prévenir M. de Firmont; j'allai l'avertir, il était déjà levé : il suivit Sa Majesté dans son cabinet.

« Pendant ce temps, je plaçai une commode au milieu de la chambre, et je la préparai en forme d'autel, pour dire la messe. On avait apporté, à deux heures du matin, tout ce qui était nécessaire. Je portai dans ma chambre les ornements du prêtre, et, lorsque tout fut disposé, j'allai prévenir le Roi. Il me demanda si je pourrais servir la messe, je lui répondis qu'oui, mais que je n'en savais pas les réponses par cœur. Il tenait un livre à la main, il l'ouvrit, y chercha l'article de la messe, et me le remit; puis il prit un autre livre. Pendant ce temps, le prêtre s'habillait. J'avais placé devant l'autel un fauteuil, et mis un grand coussin à terre pour Sa Majesté; le Roi me fit ôter le coussin, il alla lui-même dans son cabinet en chercher un autre plus petit, et garni en crin, dont il se servait ordinairement pour dire ses prières. Dès que le prêtre fut entré, les municipaux se retirèrent dans l'antichambre, et je fermai un des battants de la porte. La messe commença à six heures. Pendant cette auguste cérémonie, il régna un grand silence. Le Roi, toujours à genoux, entendit la messe avec le plus saint recueillement, dans l'attitude la plus noble. Sa Majesté communia : après la messe, le Roi passa dans son cabinet, et le prêtre alla dans ma chambre pour quitter ses habits sacerdotaux.

« Je saisis ce moment pour entrer dans le cabinet de Sa Majesté : elle me prit les deux mains, et me dit d'un ton attendri : « Cléry, je suis content de vos soins. — Ah! sire, « lui dis-je en me précipitant à ses pieds, que ne puis-je, « par ma mort, désarmer vos bourreaux, et conserver une « vie si précieuse aux bons Français! Espérez, sire, ils « n'oseront vous frapper. — La mort ne m'effraye point, « j'y suis tout préparé. Mais vous, continua-t-il, ne vous « exposez pas; je vais demander que vous restiez près de « mon fils : donnez-lui tous vos soins dans cet affreux « séjour; rappelez-lui, dites-lui bien toutes les peines que « j'éprouve des malheurs qu'il ressent : un jour, peut-être, il « pourra récompenser votre zèle. — Ah ! mon maître, ah! « mon Roi, si le dévouement le plus absolu, si mon zèle et « mes soins ont pu vous être agréables, la seule récom- « pense que je désire de Votre Majesté, c'est de recevoir « votre bénédiction : ne la refusez pas au dernier Français « resté près de vous. » J'étais toujours à ses pieds, tenant une de ses mains : dans cet état, il agréa ma prière, me donna sa bénédiction, puis me releva, et me serrant contre son sein : « Faites-en part à toutes les personnes qui me sont « attachées : dites aussi à Turgy que je suis content de lui. « Rentrez, ajouta le Roi, ne donnez aucun soupçon contre « vous. » Puis, me rappelant, il prit sur une table un papier qu'il y avait déposé : « Tenez, voici une lettre que Pétion « m'a écrite, lors de votre entrée au Temple, elle pourra « vous être utile pour rester ici. » Je saisis de nouveau sa main, que je baisai, et je sortis. « Adieu, me dit-il encore, « adieu !... »

« Je rentrai dans ma chambre, et j'y trouvai M. de Firmont faisant sa prière à genoux devant mon lit. « Quel « prince! me dit-il en se relevant; avec quelle résignation, « avec quel courage il va à la mort! Il est aussi calme, aussi « tranquille que s'il venait d'entendre la messe dans son « palais, et au milieu de sa cour. — Je viens d'en recevoir, « lui dis-je, les plus touchants adieux; il a daigné me pro- « mettre de demander que je restasse dans cette tour auprès

« de son fils : lorsqu'il sortira, monsieur, je vous prie de le « lui rappeler; car je n'aurai plus le bonheur de le voir en « particulier. — Soyez tranquille, » me répondit M. de Firmont; et il rejoignit Sa Majesté.

« A sept heures, le Roi sortit de son cabinet, m'appela, et, me tirant dans l'embrasure de la croisée, il me dit : « Vous remettrez ce cachet (1) à mon fils,... cet anneau (2) « à la Reine; dites-lui bien que je le quitte avec peine... Ce « petit paquet renferme des cheveux de toute ma famille; « vous le lui remettrez aussi... Dites à la Reine, à mes « chers enfants, à ma sœur, que je leur avais promis de les « voir ce matin; mais que j'ai voulu leur épargner la douleur « d'une séparation si cruelle. Combien il m'en coûte de « partir sans recevoir leurs derniers embrassements!... » Il essuya quelques larmes, puis il ajouta, avec l'accent le plus douloureux : « Je vous charge de leur faire mes adieux!,.. » Il rentra aussitôt dans son cabinet.

« Les municipaux, qui s'étaient approchés, avaient entendu Sa Majesté, et l'avaient vue me remettre les différents objets que je tenais encore dans mes mains. Ils me dirent de les leur donner ; mais l'un d'eux proposa de m'en laisser dépositaire, jusqu'à la décision du Conseil : cet avis prévalut.

« Un quart d'heure après, le Roi sortit de son cabinet : « Demandez, me dit-il, si je puis avoir des ciseaux ; » et il rentra. J'en fis la demande aux commissaires : « Savez-vous « ce qu'il en veut faire? — Je n'en sais rien. — Il faut le « savoir. » Je frappai à la porte du petit cabinet, le Roi sortit. Un municipal qui m'avait suivi lui dit : « Vous avez « désiré des ciseaux; mais avant d'en faire la demande au

(1) Étant parti de Vienne pour me rendre en Angleterre, je passai à Blankembourg, dans l'intention de faire hommage au Roi de mon manuscrit. Quand ce prince en fut à cet endroit de mon journal, il chercha dans son secrétaire; et, me montrant avec émotion un cachet, il me dit : « Cléry, le reconnaissez-vous? — Ah! sire, c'est le même. — Si vous en doutiez, reprit le Roi, lisez ce billet. » Je le pris en tremblant... Je reconnus l'écriture de la Reine, et le billet était, de plus, signé de M. le Dauphin, alors Louis XVII, de madame Royale et de madame Elisabeth. Qu'on juge de la vive émotion que j'éprouvai! J'étais en présence d'un prince que le sort ne se lasse pas de poursuivre. Je venais de quitter M. l'abbé de Firmont, et c'était le 21 janvier que je retrouvais dans la main de Louis XVIII, ce symbole de la royauté, que Louis XVI avait voulu conserver à son fils. J'adorai les décrets de la Providence, et je demandai au Roi la permission de faire graver ce précieux billet. J'assistai à la messe que le Roi fit célébrer par M. l'abbé de Firmont, le jour du martyre de son frère. Les larmes que j'y ai vu répandre ne sont point étrangères à mon sujet. (*Note de Cléry.*)

(2) Cet anneau est entre les mains de MONSIEUR ; il lui fut envoyé par la Reine et madame Elisabeth, avec des cheveux du Roi. Un billet l'accompagnait (*). (*Note de Cléry.*)

(*) Le cachet, les billets et l'anneau furent soustraits, quelques jours après le 21 janvier, par Toulan, municipal dévoué à la Reine, et remis par lui au chevalier de Jarjayes qui les porta à Louis XVIII.

« Conseil, il faut savoir ce que vous en voulez faire. » Sa « Majesté lui répondit : « C'est pour que Cléry me coupe « les cheveux. » Les municipaux se retirèrent; l'un d'eux descendit à la Chambre du Conseil, où, après une demi-heure de délibération, on refusa les ciseaux. Le municipal remonta et annonça au Roi cette décision. « Je n'aurais pas « touché aux ciseaux, dit Sa Majesté; j'aurais désiré que « Cléry me coupât les cheveux en votre présence. Voyez « encore, Monsieur; je vous prie de faire part de ma « demande. »

« Le municipal retourna au Conseil, qui persista dans son refus.

« Ce fut alors qu'on me dit qu'il fallait me disposer à accompagner le roi pour le déshabiller sur l'échafaud : à cette annonce, je fus saisi de terreur; mais, rassemblant toutes mes forces, je me préparais à rendre ce dernier devoir à mon maître, à qui cet office fait par le bourreau répugnait, lorsqu'un autre municipal vint me dire que je ne sortirais pas, et ajouta : *Le bourreau est assez bon pour lui.*

« Paris était sous les armes depuis cinq heures du matin; on entendait battre la générale; le bruit des armes, le mouvement des chevaux, le transport des canons qu'on plaçait et déplaçait sans cesse, tout retentissait dans la tour.

« A neuf heures, le bruit augmente, les portes s'ouvrent avec fracas; Santerre, accompagné de sept à huit municipaux, entre à la tête de dix gendarmes, et les range sur deux lignes. A ce mouvement, le Roi sortit de son cabinet : « Vous venez me chercher? dit-il à Santerre. — Oui. — « Je vous demande une minute; » et il rentra dans son cabinet. Sa Majesté en ressortit sur-le-champ, son confesseur le suivait; le roi tenait à la main son testament, et, s'adressant à un municipal nommé Jacques Roux, prêtre jureur, qui se trouvait le plus en avant : « Je vous prie de « remettre ce papier à la Reine, à ma femme. — Cela ne me « regarde point, répondit ce prêtre en refusant de prendre « l'écrit : Je suis ici pour vous conduire à l'échafaud. »

« Sa Majesté, s'adressant ensuite à Gobeau, autre municipal : « Remettez ce papier, je vous prie, à ma femme. « Vous pouvez en prendre lecture; il y a des dispositions « que je désire que la Commune connaisse. »

« J'étais derrière le Roi, près de la cheminée; il se tourna « vers moi, et je lui présentai sa redingote. « Je n'en ai pas

« besoin, me dit-il ; donnez-moi seulement mon chapeau. « Je le lui remis. Sa main rencontra la mienne, qu'il serra « pour la dernière fois. Messieurs, dit-il, en s'adressant aux « municipaux, je désirerais que Cléry restât près de mon « fils qui est accoutumé à ses soins ; j'espère que la Com- « mune accueillera cette demande. » Puis, regardant Santerre : « Partons. »

« Ce furent les dernières paroles qu'il prononça dans son appartement. A l'entrée de l'escalier, il rencontra Mathey, concierge de la tour, et lui dit : « J'ai eu un peu de vivacité « avant-hier envers vous ; ne m'en veuillez pas. » Mathey ne répondit rien, et affecta même de se retirer, lorsque le Roi lui parla.

« Je restai seul dans la chambre, navré de douleur et presque sans sentiment. Les tambours et les trompettes annoncèrent que Sa Majesté avait quitté la tour... »

V

Le Trajet et l'Exécution

L'abbé Edgeworth de Firmont, qui avait ainsi aidé Louis XVI à accomplir ses devoirs religieux, eut une mission plus pénible encore à remplir près de lui. Il dut l'accompagner jusqu'à l'échafaud. Il a raconté ce lugubre voyage, et l'on ne peut mieux faire ici que de reproduire ce récit d'un témoin oculaire.

« Le Roi traversa la première cour (autrefois le jardin) à pied ; il se retourna une ou deux fois vers la tour, comme pour dire adieu à tout ce qu'il avait de plus cher en ce bas monde ; et, au mouvement qu'il fit, on voyait qu'il rappelait sa force et son courage.

« A l'entrée de la seconde cour se trouvait une voiture de place ; deux gendarmes tenaient la portière. A l'approche du Roi, l'un d'eux y entra le premier, et se plaça sur le devant ; le Roi monta ensuite et me plaça à côté de lui dans le fond ; l'autre gendarme y sauta le dernier, et ferma la portière. On assure qu'un de ces deux hommes était un prêtre déguisé (1) : je souhaite, pour l'honneur du sacerdoce,

(1) C'est là une erreur : l'un des gendarmes était un maréchal-des-logis, et l'autre un lieutenant. Celui-ci s'appelait Lebrasse, et fut une victime de la Terreur : Il fut guillotiné en avril 1794.

que ce soit une fable. On assure également qu'ils avaient ordre d'assassiner le Roi, au moindre mouvement qu'ils remarqueraient dans le peuple. J'ignore si c'était leur consigne ; mais il me semble qu'à moins d'avoir sur eux d'autres armes que celles qui paraissaient, il leur eût été bien difficile d'exécuter leur dessein ; car on ne voyait que leurs fusils, dont il leur était impossible de faire usage.

« Au reste, ce mouvement qu'on appréhendait n'était rien moins qu'une chimère. Un grand nombre de personnes dévouées au Roi avaient résolu de l'arracher de vive force des mains de ses bourreaux, ou au moins de tout oser pour cela. Deux des principaux acteurs, jeunes gens d'un nom très connu, étaient venus m'en prévenir la veille ; et j'avoue que, sans me livrer entièrement à l'espérance, j'en conservai jusqu'au pied de l'échafaud.

« J'ai appris depuis que les ordres pour cette affreuse matinée avaient été conçus avec tant d'art et exécutés avec tant de précision, que, de quatre à cinq cents personnes qui s'étaient ainsi dévouées pour leur prince, vingt-cinq seulement avaient réussi à gagner le rendez-vous (1) ; tous les autres, par l'effet des mesures prises, dès la pointe du jour, dans toutes les rues de Paris, ne purent pas même sortir de leurs maisons. Quoi qu'il en soit, le Roi, se trouvant resserré dans une voiture où il ne pouvait ni me parler, ni m'entendre sans témoins, prit le parti du silence. Je lui présentai aussitôt mon bréviaire, le seul livre que j'eusse sur moi. Il parut l'accepter avec plaisir ; il parut même désirer que je lui indiquasse les psaumes qui convenaient le mieux à sa situation : il les récitait alternativement avec moi. Les gendarmes, sans ouvrir la bouche, paraissaient extasiés et confondus tout ensemble de la

(1) Ce n'est pas même vingt-cinq personnes qui vinrent à ce rendez-vous. Nous avons raconté cet épisode dans *Les Grandes Journées Révolutionnaires*, et nous demandons la permission de citer ici ce passage :

« Le cortège a à peine atteint le boulevard Bonne-Nouvelle que, vers la porte Saint-Denis, un homme fend la haie, se précipite au milieu de la chaussée, suivi de trois individus plus jeunes que lui. Tous quatre brandissent leurs sabres e s'écrient à plusieurs reprises :

« A nous, Français ! A nous, ceux qui veulent sauver leur Roi !

« Leurs cris restent sans échos : dans la foule, personne ne répond. Les amis sur lesquels on comptait n'ont pu venir au rendez-vous. La petite troupe, qui se voit abandonnée, cherche à profiter du désarroi que son coup imprévu a jeté parmi les assistants pour s'enfuir, mais un des corps de réserve, averti par une vedette, fond sur eux. Ils se divisent : deux parviennent à s'échapper, c'est le baron de Batz et son secrétaire Devaux ; les deux autres, serrés de près, se jettent dans la rue de Cléry. On les poursuit, on les accule dans une maison, on les massacre à coups de sabre...

Les tambours et les trompettes ont couvert le bruit de cette échauffourée. On ne s'est aperçu de rien dans le carrosse qui emmène Louis, et qui continue son chemin vers la place de la Révolution par les boulevards du Temple, Saint-Martin et Saint-Honoré. » — P. G.

piété tranquille d'un monarque qu'ils n'avaient jamais vu, sans doute, d'aussi près.

« La marche dura près de deux heures. Toutes les rues étaient bordées de plusieurs rangs de citoyens armés tantôt de piques et tantôt de fusils. En outre, la voiture elle-même était entourée d'un corps de troupes imposant, et formé sans doute de tout ce qu'il y avait de plus corrompu dans Paris. Pour comble de précaution, on avait placé en avant des chevaux une multitude de tambours, afin d'étouffer, par ce bruit, les cris qui auraient pu se faire entendre en faveur du Roi. Mais comment aurait-on entendu ? Personne ne paraissait ni aux portes, ni aux fenêtres, et on ne voyait dans les rues que des citoyens armés qui, tout au moins par faiblesse, concouraient à un crime qu'ils détestaient peut-être dans leur cœur.

« La voiture parvint ainsi, dans le plus grand silence, à la place de Louis XV, et s'arrêta au milieu d'un grand espace vide qu'on avait laissé autour de l'échafaud (1) : cet espace était bordé de canons : et, au delà, tant que la vue pouvait s'étendre, on voyait une multitude en armes.

« Dès que le Roi sentit que la voiture n'allait plus, il se retourna et me dit à l'oreille : « Nous voilà arrivés, si je ne « me trompe. » Mon silence lui répondit que oui. Un des bourreaux vint aussitôt lui ouvrir la portière ; mais le Roi les arrêta, et appuyant la main sur mon genou : « Messieurs, « leur dit-il d'un ton de maître, je vous recommande « monsieur que voilà : ayez soin qu'après ma mort, il ne « lui soit fait aucune insulte ; je vous charge d'y veiller. » Ces deux hommes ne répondant rien, le Roi voulut reprendre d'un ton plus haut ; mais l'un d'eux lui coupa la parole : « Oui, oui, lui dit-il, nous en aurons soin : laissez-nous « faire. » Et je dois ajouter que ces mots furent dits d'un ton qui aurait dû me glacer, si, dans un moment tel que celui-là, il m'eût été possible de me reployer sur moi-même.

« Dès que le Roi fut descendu de la voiture, trois bourreaux l'entourèrent, et voulurent lui ôter ses habits ; mais il les repoussa avec fierté, et se déshabilla lui-même. Il défit également son col, sa chemise, et s'arrangea de ses propres mains. Les bourreaux, que la contenance fière du Roi avait déconcertés un moment, semblèrent alors reprendre de

(1) A la place où se trouve l'obélisque aujourd'hui était le piédestal de la statue de Louis XV, statue renversée le 10 août 1792. L'échafaud se trouvait à quelques mètres de ce piédestal, du côté des Champs-Élysées.

l'audace ; ils l'entourèrent de nouveau, et voulurent lui lier les mains. « Que prétendez-vous ? leur dit le Roi en reti-« rant ses mains avec vivacité. — Vous lier, répondit un des bourreaux. — Me lier ! repartit le Roi d'un ton d'in-« dignation : non, je n'y consentirai jamais ! Faites ce qui « vous est commandé, mais vous ne me lierez pas ; renon-« cez à ce projet. » Les bourreaux insistèrent ; ils élevèrent la voix, et semblaient vouloir appeler du secours pour le faire de vive force.

« C'est ici le moment le plus affreux de cette désolante matinée : une minute de plus, et le meilleur des rois recevait, sous les yeux de ses sujets rebelles, un outrage mille fois plus insupportable que la mort, par la violence que l'on semblait y mettre. Il parut la craindre lui-même ; et, se tournant vers moi, il me regarda fixement, comme pour me demander conseil. Hélas ! il m'était impossible de lui en donner un : je ne lui répondis d'abord que par mon silence ; mais comme il continuait à me regarder : « Sire, « lui dis-je avec larmes, dans ce nouvel outrage, je ne vois « qu'un dernier trait de ressemblance entre Votre Majesté « et le Dieu qui va être sa récompense. »

« A ces mots, il leva les yeux au ciel avec une expression de douleur que je ne saurais jamais rendre. « Assuré-« ment, me dit-il, il ne faut rien moins que son exemple « pour que je me soumette à un pareil affront. » Et se retournant aussitôt vers les bourreaux : « Faites ce que « vous voudrez, leur dit-il ; je boirai le calice jusqu'à la « lie. »

« Les marches qui conduisaient à l'échafaud étaient extrêmement roides à monter. Le Roi fut obligé de s'appuyer sur mon bras, et, à la peine qu'il semblait prendre, je craignis un instant que son courage ne commençât à mollir. Mais quel fut mon étonnement lorsque, parvenu à la dernière marche, je le vis s'échapper pour ainsi dire de mes mains, traverser d'un pas ferme toute la largeur de l'échafaud, imposer silence, par un seul regard, à quinze ou vingt tambours qui étaient placés vis-à-vis de lui, et, d'une voix si forte qu'elle dut être entendue au pont-tournant (1), prononcer distinctement ces paroles à jamais mémorables : « Je meurs innocent de tous les crimes qu'on m'impute. Je « pardonne aux auteurs de ma mort, et je prie Dieu que

(1) Le pont-tournant était à l'entrée du jardin des Tuileries, sur la place de la Révolution (aujourd'hui place de la Concorde).

« le sang que vous allez répandre ne retombe jamais sur la « France. »

Ici s'arrête le récit de M. Edgeworth de Firmont. Voici ce qui se passa ensuite.

Tandis que Louis XVI parlait, une agitation se manifestait parmi les assistants les plus proches, et, comme toujours en pareil cas, des mouvements contraires se dessinaient, les uns voulant qu'on en finît promptement avec les apprêts d'un supplice qui n'avaient que trop duré, les autres désireux de laisser parler la victime. La situation devenait critique. Le commandant de la garde nationale, Santerre, coupa court à cette scène pénible. Il s'avança, le sabre levé.

« Je vous ai amené ici, non pour haranguer, mais pour mourir, dit-il à Louis XVI. »

Aux exécuteurs, il cria :

« Faites votre devoir. »

Et, en même temps, il ordonnait aux tambours de battre. Ceux-ci obéirent et la voix du mourant fut étouffée sous leurs roulements.

N'espérant plus se faire entendre, Louis s'abandonna aux bourreaux qui lui mirent les sangles et le poussèrent sur la bascule. On entendit un grand cri ; le couteau tomba et la tête roula dans le panier.

Le plus jeune des aides, nommé Gros, la saisit et la montra au peuple, qui poussa les cris de *Vive la Nation ! Vive la République !*

L'abbé Edgeworth de Firmont qui, pendant ces instants suprêmes, s'était agenouillé et avait récité les prières des agonisants, se retira alors, traversa les rangs des soldats qui s'ouvrirent devant lui et alla se réfugier chez un des défenseurs de Louis XVI, M. de Malesherbes.

Le supplice avait eu lieu à dix heures vingt-deux minutes.

VI

L'inhumation

Le corps du supplicié fut rapidement enlevé. Un long panier d'osier était préparé : on l'y jeta aussitôt l'exécution faite, et une charrette l'emmena au cimetière de la Madeleine (sur l'emplacement duquel a été élevée la Chapelle expia-

L'EXÉCUTION DE LOUIS XVI (*Dessin de Mounet, gravé par Hellmann*)

toire), abandonné depuis 1720 et rouvert quelques années auparavant pour l'ensevelissement des malheureux écrasés ou étouffés à la fête donnée sur cette même place pour le mariage de Louis, alors Dauphin, avec Marie-Antoinette. Cent dragons à cheval servirent d'escorte.

On avait creusé un trou de douze pieds de profondeur sur six de largeur, auprès duquel deux prêtres attendaient, sans ornement, sans cierges. On y enfouit le cadavre avec deux pleins tonneaux de chaux vive, et on recombla le trou sans autre cérémonie.

La charrette, en s'en retournant, laissa choir le panier d'osier. Aussitôt la foule environnante se précipita. Les uns frottèrent le fond du panier avec des linges, ceux-ci avec leurs mouchoirs, ceux-là avec des morceaux de papier, et un entre autres avec deux dés à jouer. Scènes ignobles, qu'on doit rapporter pour montrer à quel degré de sauvagerie était tombée alors la populace parisienne.

Pendant ce temps, les commissaires désignés par le Conseil exécutif provisoire, par le Conseil général du département et par la municipalité de Paris rédigeaient le présent procès-verbal :

« L'an 1793, deuxième de la République française, et le 21 janvier, nous, soussignés, Jean-Antoine Lefebvre, suppléant du procureur-général-syndic du département de Paris, et Antoine-François Momoro, tous deux membres du Directoire dudit département, nommés aux effets ci-après par le Conseil général du département ; et François-Pierre Sallais, François-Germain Isabeau, tous deux commissaires nommés par le Conseil exécutif provisoire, aux effets également ci-après énoncés, nous nous sommes transportés à l'hôtel de la Marine, rue et place de la Révolution, lieu à nous indiqué par nos commissaires, à neuf heures du matin de ce jour, où étant, nous avons attendu, jusqu'à dix heures précises, les commissaires nommés par la municipalité de Paris, ainsi que les juges et le greffier du tribunal criminel du département de Paris, en l'absence desquels l'un de nous a dressé le présent procès-verbal.

« Nous nous sommes assemblés à l'effet d'assister, du lieu où sommes, à l'exécution des décrets de la Convention nationale, des 15, 17, 19 et 20 janvier, présent mois, dont les dispositions sont jointes au présent procès-verbal.

« Et à dix heures un quart précis du matin, sont arrivés les citoyens Jacques-Claude Bernard et Jacques Roux, tous deux officiers municipaux et commissaires de la municipalité, munis de leurs pouvoirs ; lesquels ont, conjointement avec nous, assisté aux opérations constatées par le présent procès-verbal.

« Et à la même heure est arrivé, dans la rue et place de de la Révolution, le cortège commandé par Santerre, commandant général, conduisant Louis dans une voiture à quatre roues, et approchant de l'échafaud dressé dans ladite place de la Révolution, entre le piédestal de la statue du ci-devant Louis XV et l'avenue des Champs-Elysées.

« A dix heures vingt minutes, Louis, arrivé auprès de l'échafaud, est descendu de la voiture.

« Et à dix heures vingt-deux minutes, il a monté sur l'échafaud. L'exécution a été à l'instant consommée, et la tête a été montrée au peuple ; nous avons signé :

LEFEBVRE, MOMORO, SALLAIS, BERNARD,
ISABEAU, JACQUES ROUX.

Ainsi périt Louis XVI, roi de France et de Navarre, âgé de trente-neuf ans cinq mois moins trois jours, après avoir régné dix-huit ans, et avoir été en prison cinq mois et huit jours.

On composa pour lui cette épitaphe :

Ci-gît Louis, qui, malgré ses bienfaits,
Fut immolé par ses propres sujets,
Et qui, par un courage inconnu dans l'histoire,
Fit, de son échafaud, le trône de sa gloire.

P. G.

APPENDICE

PROCÈS-VERBAL D'INHUMATION DE LOUIS XVI.

A S. Exc. monseigneur le marquis Dambray, chancelier de France.

« Monseigneur,

« J'ai l'honneur de transmettre à Votre Excellence le procès-verbal qui fut dressé lors de l'inhumation des restes précieux de S. M. Louis XVI. Je n'ai pu retrouver encore celui qui, sans doute, a été dressé lors de l'inhumation de la Reine ; mais je vais continuer mes recherches, dans lesquelles j'ai porté toute la réserve et la discrétion que vous me recommandez. Je désire que cette pièce remplisse le but que Votre Excellence s'est proposé.

« Je prie Votre Excellence d'agréer, etc., etc.

« *Signé :* CHABROL, préfet de la Seine. »

« 18 mai 1814 ».

COPIE.

Procès-verbal de l'inhumation de Louis Capet.

« Le 21 janvier 1793, l'an II de la République française, nous sous-signés, administrateurs du département de Paris, chargés de pouvoirs par le Conseil général du département, en vertu des arrêtés du Conseil exécutif provisoire de la République française, nous sommes transportés, à neuf heures du matin, en la demeure du citoyen Ricaves, curé de Sainte-Madeleine ; lequel ayant trouvé chez lui, nous lui avons demandé s'il avait pourvu à l'exécution des mesures qui lui avaient été recommandées, la veille, par le Conseil exécutif et par le département, pour l'inhumation de Louis Capet : il nous a répondu qu'il avait exécuté, de point en point, ce qui lui avait été ordonné par le Conseil exécutif et par le département, et que tout était à l'instant préparé. De là, accompagnés des citoyens Renard et Damoreau, tous deux vicaires de la paroisse de Sainte-Madeleine, chargés par le citoyen curé de procéder à l'inhumation de Louis Capet, nous nous sommes rendus au lieu du cimetière de ladite paroisse, situé rue d'Anjou-Saint-Honoré, où étant, nous avons reconnu l'exécution des ordres par nous signifiés, la veille, au citoyen curé, en vertu de la commission que nous en avions reçue du Conseil général du département.

« Peu après, a été déposé dans ledit cimetière, en notre présence, par un détachement de gendarmerie à pied, le cadavre de Louis Capet, que nous avons reconnu entier dans tous ses membres, la tête étant séparée du tronc. Nous avons remarqué que les cheveux du derrière de la tête étaient coupés, et que le cadavre était sans cravate, sans habits, et sans souliers. Du reste, il était vêtu d'une chemise, d'une veste piquée en forme de gilet, d'une culotte de drap gris, et d'une paire de bas de soie gris. Ainsi vêtu, il a été placé dans une bière, laquelle a été descendue dans la fosse, qui a été recouverte à l'instant. Et le tout a été disposé et exécuté d'une manière conforme aux ordres donnés par le Conseil exécutif provisoire de la République française ; et avons signé avec les citoyens Ricaves, Renard et Damoreau, curé et vicaire de Sainte-Madeleine.

« LEBLANC, administrateur du département ;
« DUBOIS, administrateur du département ;
« DAMOREAU, RICAVES, RENARD.

« *Pour copie conforme* à l'original transmis à S. Exc. monseigneur le marquis Dambray, chancelier de France.

« *Le préfet de la Seine,*
« *Signé :* CHABROL. »

« Le 8 mai 1814. »

Le Gérant : Henri GAUTIER.

1565. — Imp. de Vaugirard, G. de Malherbe, Dir., 152, rue de Vaugirard. — Car. et vig. Doublet.

Récits des Grands Jours de l'Histoire

(Voir à la page 2 de la couverture les conditions de vente)

VOLUMES EN VENTE *(Suite)*

N° 32 — La Jeunesse de Marie-Antoinette, par Weber.
N° 33 — Les Empoisonnements de la marquise de Brinvilliers.
N° 34 — Le Coup d'Etat du Deux-Décembre 1851.
N° 35 — Procès et Exécution de Charlotte Corday.
N° 36 — Le Retour des cendres de Napoléon.
N° 37 — Le Ministère Girondin du 15 mars 1792, d'après les Mémoires de Mme Roland.
N° 38 — Napoléon prisonnier (De Rochefort à Ste-Hélène), par le Cte de Las Cases.
N° 39 — Un mois de Paris sous la Terreur, d'après le Diurnal de Beaulieu.
N° 40 — Riquet et le Canal du Languedoc, par M. de la Lande.

Autorelieur Gorrilliot

POUR RÉUNIR SOI-MÊME EN VOLUMES LES FASCICULES DES

Récits des Grands Jours de l'Histoire

Prix : 2 Francs

Le nouveau système d'autorelieur que nous avons fait fabriquer pour nos lecteurs, se recommande par sa simplicité et son mode aisé d'emploi. Grâce à lui, la personne la moins habituée aux travaux manuels, un enfant même, pourra réunir en volume les numéros de notre publication.

Nos autorelieurs sont fabriqués pour treize numéros. Il en faudra donc quatre pour une année. Ils sont très élégants, ornés d'une composition de l'habile dessinateur Fraipont, bien en rapport avec le caractère de la publication. Une fois remplis, ils formeront de véritables volumes de luxe, qui mériteront de figurer en bonne place sur la table du salon ou les rayons de la bibliothèque.

Le prix de l'autorelieur est de **2 francs.** On le recevra *franco à domicile*, en ajoutant **0 fr. 30** par autorelieur. Pour les demandes d'au moins 3 autorelieurs, nous emploierons le colis postal. Le prix du port, quel que soit le nombre, sera donc de **0 fr. 85**.

Indiquer à quels numéros on destine les autorelieurs demandés, afin de recevoir les titres et tables correspondants.

Dans chaque autorelieur, on trouvera une notice indiquant, d'une manière très claire, comment on peut relier soi-même ses fascicules.

Adresser toutes les demandes accompagnées du montant en mandat-poste, timbres français ou valeur sur Paris, à M. HENRI GAUTIER, *éditeur, 55, quai des Grands-Augustins, Paris.*

Pour paraître la Semaine prochaine

La Conspiration de Babeuf

PAR

ANTOINE FANTIN-DÉSODOARDS

Les premiers révolutionnaires de 1789 et de 1793 n'étaient point socialistes; Robespierre avait fait décréter la croyance à l'existence de l'Être suprême, et condamner Hébert comme coupable de chercher à « renverser les principes sociaux ». Aussi le mouvement communiste que tenta quelques années plus tard, en 1796, un fanatique qui se faisait appeler Caïus Gracchus Babeuf devait trouver dans le Gouvernement du Directoire un obstacle invincible.

Babeuf avait cependant réuni 17.000 conjurés et s'apprêtait à « épurer la société et à faire des richesses une nouvelle répartition » lorsqu'il fut arrêté avec ses principaux complices. Il fut condamné à mort et exécuté (mai 1797).

Nos lecteurs trouveront dans le prochain numéro l'intéressant récit de cette tentative avortée; elle est empruntée à un contemporain, Antoine Fantin-Désodoards, et elle ne saurait manquer de plaire à ceux qui désirent connaître ces détails émouvants d'un mouvement communiste dont nous avons vu récemment d'autres exemples plus terribles.

EN PRÉPARATION :

N° 42 — **La Conspiration de Babeuf**, par Antoine Fantin-Désodoards.
N° 43 — **La Fuite du Roi (20 juin 1791)**, par M. de Fontanges.
N° 44 — **L'Arrestation de la Famille royale à Varennes**, par M. de Fontanges.
N° 45 — **Les Gracques**, par Mommsen.

Abonnement :

On s'abonne aux CINQUANTE-DEUX volumes d'une année
des Récits des Grands Jours de l'Histoire

Les abonnés recevront régulièrement un volume chaque samedi.

PRIX DE L'ABONNEMENT D'UN AN :

France, Belgique et Algérie	Étranger et Colonies sauf la Belgique et l'Algérie
Neuf francs	**Onze francs**

Adresser les Demandes, accompagnées du montant en mandat-poste, timbres français ou valeur sur Paris, à M. HENRI GAUTIER, *éditeur, 55, quai des Grands-Augustins, Paris.*

1565 — S. An. de l'Imp. de Vaugirard, G. de M., 152, rue de Vaugirard.— Car. et vig. Doublet.

www.ingramcontent.com/pod-product-compliance
Ingram Content Group UK Ltd.
Pitfield, Milton Keynes, MK11 3LW, UK
UKHW021029260726
13994UKWH00005B/2031